THYESTE

Traduction : M. E GRESLOU
TRAGÉDIE

Table des matières

Personnages

THYESTE.
ATRÉE.
TANTALE.
MÉGÈRE.
PLISTHÈNES, fils de Thyeste.
CHŒUR DES VIEILLARDS DE MYCÈNES.
Personnages muets :
TANTALE, fils de Thyeste.
Un autre fils de Thyeste.
UN GARDE et UN MESSAGER.

Argument

Pendant qu'Atrée régnait à Mycènes, Thyeste, son frère, pour satisfaire l'ambition qu'il avait de s'emparer du trône, avait soustrait frauduleusement le bélier d'or sur la possession duquel on croyait que reposait le destin de la royauté, aidé en cela par la reine Érope, femme d'Atrée, que Thyeste avait séduite : de là division et lutte entre les deux frères. Après des chances diverses (car d'après un passage de la tragédie, on peut croire qu'Atrée fut quelque temps privé de la couronne et fugitif), Thyeste, chassé du trône et de Mycènes, avait traîné longtemps une vie pauvre et misérable. Mais Atrée, dominé par un désir immodéré de vengeance, pour égaler le châtiment de Thyeste à son crime, feint de vouloir rendre à son frère son ancienne amitié. Thyeste revient, tremblant d'abord, et défiant de son bonheur ; mais Atrée, l'ayant reçu avec de feintes démonstrations de joie, lui prend ses fils en otage, les immole sur les autels, les fait servir à table devant leur père, et lui donne même à boire de leur sang mêlé dans du vin. Après cette vengeance, dont l'horreur, dit-on, fit reculer le soleil, Atrée fait connaître à son frère quels mets on lui a servis, et se moque de ses imprécations.

Acte Premier

Scène I

L'OMBRE DE TANTALE, MÉGÈRE, TANTALE

L'OMBRE DE TANTALE [1788] .

Quelle puissance m'arrache des enfers où mes lèvres avides cherchent vainement à saisir un aliment qui m'échappe toujours ? quelle divinité funeste ramène Tantale au séjour des vivants ? Aurait-on inventé pour moi quelque supplice plus affreux que cette soif brûlante au milieu des eaux, que cette faim toujours béante [1789] ? Est-ce que mes épaules doivent se courber sous le rocher roulant de Sisyphe [1790] ? Va-t-on m'étendre sur la roue dont le tournoiement rapide meurtrit les membres d'Ixion ? Me faut-il subir le châtiment de Tityus qui, couché dans une vaste caverne, livre à de cruels vautours ses entrailles palpitantes, et qui, réparant chaque nuit la perte du jour, offre sans cesse une proie nouvelle à l'insatiable faim des monstres qui le dévorent ? A quel nouveau tourment veut-on me faire passer ? O qui que tu sois, juge impitoyable des morts, chargé d'inventer des supplices pour les âmes coupables, s'il est possible d'ajouter à ceux que je viens de nommer, tâche d'en trouver un qui épouvante le gardien même du sombre empire, qui fasse trembler le noir Achéron, qui me glace moi-même de terreur. Il va sortir de ma famille une suite d'hommes coupables qui surpasseront les crimes de leurs pères, me feront paraître innocent au prix d'eux, et se souilleront d'attentats inouïs. Toutes les places vacantes dans le séjour des impies, ma famille les remplira. Tant qu'il restera des Pélopides, Minos n'aura point de relâche.

MÉGÈRE.

Ombre funeste, va, souffle sur ton palais détesté la rage des Furies ; qu'il s'engage entre tes descendants une lutte de crimes, et qu'ils s'arment tour-à-tour du glaive homicide. Point de mesure à leur fureur, point de honte qui les arrête : qu'une aveugle colère s'empare de leurs esprits ; que la rage des pères ne s'éteigne point avec eux, mais que leurs crimes passent, comme un héritage, à leurs fils : qu'aucun d'eux n'ait le temps de se repentir d'un attentat commis, mais qu'il en commette chaque jour de nouveaux, et que le châtiment d'un crime soit un crime plus grand. Que ces frères orgueilleux descendent du trône pour y remonter de l'exil. Que le destin de cette famille cruelle flotte indécis entre deux rois. Que le malheur succède à la puissance, la puissance au malheur ; et que leur royaume soit en proie à de continuelles révolutions. Que chassés de leur pays pour leurs crimes, ils n'y rentrent que pour en commettre de nouveaux, aussi insupportables aux autres qu'à eux-mêmes. Point de frein à leur fureur. Que le frère tremble devant le frère, le père devant le fils, le fds devant le père. Que la mort des enfants soit affreuse, mais surtout leur naissance. Que la femme attente aux jours de son mari [1791] . Qu'ils portent la guerre au-delà des flots [1792] et que leur sang arrose tous les pays. Que l'orgueil de la victoire les porte à s'élever insolemment au-dessus des autres chefs. Que l'adultère ne soit que la moindre tache de cette famille souillée ; périssent la confiance, l'amour, tous les droits de la fraternité. Que le ciel même soit troublé par vos crimes : pourquoi ces étoiles qui brillent à sa voûte, et ces feux nocturnes qui laissent tomber sur le monde leur vive lumière ? Qu'une nuit sombre les remplace, et que le jour s'éteigne [1793] . Bouleverse ton palais, évoque la haine, le meurtre, les funérailles ; que le génie de Tantale remplisse toute sa maison. Il faut la parer comme pour un jour de fête [1794] , en orner le seuil de lauriers verts, y allumer un feu splendide pour célébrer dignement ton arrivée. Il faut y renouveler, mais avec plus de victimes, l'attentat de la Thrace [1795] . Pourquoi la main de cet oncle est-elle oisive ? Pourquoi Thyeste ne pleure-t-il pas déjà ses enfants ? Quand va-t-on les retirer de la chaudière écumante pour les lui servir ? Que leurs membres soient mis en pièces, que le foyer paternel soit souillé de leur sang. Qu'on dresse la table, tu iras prendre part à ce festin du crime ; il n'est pas nouveau pour toi. Je te donne un jour tout entier ; pour ce repas, je permets à ta faim de se satisfaire. Sous tes yeux, on boira le sang mêlé avec le vin... J'ai imaginé un repas à te faire fuir toi-même. —Arrête donc, où veux-tu courir ainsi ?

TANTALE.

A mes étangs, à mes fleuves, à mes eaux perfides, à ces fruits qui viennent jusque sur mes lèvres pour échapper toujours à ma faim dévorante. Laisse-moi rentrer dans ma triste prison, ou, si tu ne me trouves pas assez malheureux, fais-moi changer de fleuve ;

plonge-moi dans les eaux du Phlégéthon, dans le cercle de ses vagues de feu. Vous tous que la loi du destin soumet aux plus affreux tourments ; vous qui, cachés sous une voûte rongée par le temps, craignez la chute d'une montagne prête à vous écraser ; vous qu'épouvantent la dent cruelle des lions et le fouet des Furies qui vous environnent ; vous qui, à demi consumés, cherchez à repousser les torches brûlantes des filles de l'enfer, écoutez la voix de Tantale qui va se hâter de vous rejoindre ; croyez-en mon expérience, et félicitez-vous de votre part de douleurs. — Quand me sera-t-il permis de fuir les vivants ?

MÉGÈRE.

Quand tu auras porté le trouble dans ta maison, allumé la guerre, inspiré la rage des combats à ces deux rois, et rempli leurs âmes de transports furieux.

TANTALE.

C'est à moi de subir des peines, mais non d'en infliger. Ainsi donc je monte sur la terre comme une vapeur funeste exhalée de ses entrailles, comme une peste qui doit jeter partout des semences de mort. Il me faut pousser mes petits-fils à des crimes épouvantables, moi leur aïeul ! souverain père des dieux et le mien, quoiqu'il en coûte à ta gloire de l'avouer, je ne me retiendrai pas, et, malgré les châtiments réservés à ma langue indiscrète [1796] , je parlerai : Gardez-vous, ô mes enfants, de souiller vos mains par des meurtres sacrilèges [1797] , gardez-vous de verser le sang sur les autels. Je serai là, j'empêcherai les crimes... Pourquoi ce redoutable fouet qui m'épouvante, ces serpents qui se tordent menaçants à ma vue ? Pourquoi cet aiguillon de la faim pénètre-t-il jusqu'à la moelle de mes os ? Ma poitrine desséchée par la soif s'irrite et s'enflamme, un feu s'allume au fond de mes entrailles brûlées. Je te suis.

MÉGÈRE.

Cette fureur qui te possède, répands-la sur ta famille entière. Qu'ils cèdent aux mêmes transports, que leur haine se change en une soif horrible qui les porte à boire le sang les uns des autres..... Ce palais s'est ressenti déjà de ton entrée, il s'est ému tout entier à ta fatale présence. Il suffit ; retourne aux gouffres de l'enfer, au fleuve que tu connais. Déjà la terre attristée souffre sous tes pas criminels. Vois, l'eau des fontaines rentre sous le sol, les fleuves se tarissent, un vent de feu chasse à peine devant lui quelques nuages sans eau. Les arbres deviennent pâles, leur fruit se détache et la branche reste nue. L'isthme que deux mers pressent de leurs vagues retentissantes, et qui ne laisse entre elles qu'une terre étroite, s'est agrandi et n'entend plus que de loin le murmure des flots. Le marais de Lerne est desséché, l'urne de l'Inachus n'a plus d'onde, les eaux saintes de l'Alphée se sont perdues sous la terre, les blancs sommets du Cithéron ne sont plus [1798] , il a perdu ses neiges, et le noble peuple d'Argos tremble que la sécheresse antique ne soit revenue [1799] . Le Soleil lui-même se trouble ; il ne sait s'il doit poursuivre sa course, et guider encore la marche du jour prêt à s'éteindre.

LE CHŒUR

Dieux qui veillez sur Argos l'achéenne [1800] , et sur Pise si fière de ses luttes olympiques, qui chérissez Corinthe, et son isthme, et son double port, et ses deux mers ; qui regardez avec amour les sommets neigeux du Taygète dont la blanche couronne formée par le souffle de l'Aquilon se fond au printemps sous la chaude haleine des vents étésiens ; divinité favorable aux claires eaux de l'Alphée qui baignent les sables d'Olympie ; faites descendre la paix sur nous, empêchez le retour de cette lutte criminelle entre des frères. Ne permettez pas que l'aïeul soit remplacé par des petits-fils plus coupables encore, ni que la scélératesse des enfants efface les attentats du père. Que la postérité du malheureux Tantale se lasse enfin dans cette voie du crime. C'est assez de barbaries. Leur sombre fureur a passé par-dessus toutes les lois, par-dessus même tous les crimes connus. Myrtile, qui avait trompé son maître [1801] , fut à son tour trahi ; victime de la même perfidie qu'il avait montrée, son corps jeté dans la mer lui donna un nom nouveau ; il n'est point de récit mieux connu des navigateurs de la mer d'Ionie. Le jeune Pélops, comme il accourait dans les bras de son père, mourut frappé d'un glaive impie, et la main de Tantale déchira les membres de cette tendre victime pour les servir sur la table des dieux qu'il avait reçus dans son palais. Une faim sans repos, une soif éternelle, sont le prix de cet abominable festin. Il était impossible d'inventer une peine mieux appropriée à son crime. Toujours trompé dans ses désirs, le malheureux Tantale voit pendre au-dessus de, sa tête des fruits superbes, mais plus fugaces que les Harpyies. De chaque côté, un arbre laisse tomber ses branches courbées sous leur poids qui s'incline et se balance autour des lèvres béantes de ce malheureux affamé. Malgré sa faim, malgré l'affreux besoin qui le presse, trompé tant de fois, il ne cherche plus à saisir ces aliments perfides ; il détourne les yeux, lient ses lèvres fermées, serre les dents pour renfermer en lui-même la faim qui le dévore : mais à ce moment tous les arbres étalent plus près de lui leurs richesses, et leurs fruits se jouent mollement sur les branches flexibles ; ses désirs s'en irritent, ses mains se remettent à l'œuvre. A peine les a-t-il étendues pour saisir une nouvelle déception, que tout ce riche automne s'enlève et les arbres ont disparu. Une soif non moins horrible que sa faim le saisit à son tour : quand elle a bien enflamme son sang, et brûlé sa gorge comme un feu, le malheureux se penche sur les eaux qui l'entourent, mais le fleuve échappe à ses lèvres avides, le lit se dessèche, l'eau se retire, et le misérable veut en vain la poursuivre, il ne peut boire que l'aride poussière qu'elle a laissée derrière elle.

Acte Second

Scène I

ATRÉE.

Homme timide, lâche, pusillanime, et, ce qui est le comble de la honte pour un roi, homme sans ressentiment, qui n'es pas encore vengé, peux-tu bien, après tant de crimes, après tant de perfidies de la part de ton frère, n'exprimer ta colère que par de vaines plaintes ? Argos devrait déjà retentir du bruit des armes, tes vaisseaux devraient couvrir les deux mers ; pourquoi ne voit-on pas dans les villes et dans les campagnes la flamme luire et le glaive étinceler ? Allons, que tout le pays d'Argos résonne sous les pas de mes cavaliers ; que ni forêts, ni forteresses bâties sur les sommets élevés des montagnes ne me dérobent mon ennemi ; que tout mon peuple s'élance hors de Mycènes en faisant retentir le cri de guerre. La mort pour celui qui voudrait cacher ou défendre l'objet de ma haine. Que ce riche palais du noble Pélops tombe sur moi, pourvu qu'il écrase aussi mon frère [1802] ! Allons, mon courage, signale-toi par des actes que la postérité la plus reculée condamnera sans doute, mais n'oubliera jamais. Il me faut oser quelque crime atroce et horrible, tel que mon frère voulût l'avoir commis lui-même. Pour me venger de ses attentats, il me faut les surpasser [1803] . Mais quelle barbarie pourra triompher de cet homme ? a-t-il ployé la tête sous le poids des maux ? sait-il se modérer dans le bonheur, se tenir tranquille dans l'adversité ? Non, je connais son âme dure et intraitable : il ne pliera pas, mais on peut le briser. Avant donc qu'il reprenne courage et répare ses forces, il faut le prévenir et l'attaquer, afin qu'il ne profite pas de mon repos pour m'attaquer moi-même. Il faut qu'il tue ou périsse ; le crime est entre nous comme le prix de la vitesse.

LE GARDE.

Ne craignez-vous pas que l'opinion de votre peuple ne se déclare contre vous ?

ATRÉE.

Le plus beau privilège de la royauté, c'est de forcer les peuples non seulement à souffrir, mais à louer les actions de leurs maîtres.

LE GARDE.

La même crainte qui impose la louange, enfante aussi la haine. Le roi qui cherche la gloire d'une approbation sincère, aime mieux la louange du cœur que celle des lèvres.

ATRÉE.

L'homme le plus obscur peut mériter un éloge sincère ; les puissants n'obtiennent jamais que de fausses louanges ; c'est à mes sujets de vouloir ce qu'ils ne veulent, pas.

LE GARDE.

Un roi n'a qu'à vouloir le bien, sa volonté sera celle de tous.

ATRÉE.

Un roi qui ne règne qu'à la condition de faire ce qui est juste, n'a qu'une autorité précaire.

LE GARDE.

Mais sans la vertu, sans le respect de la justice, sans la probité, sans l'humanité, sans la bonne foi, il n'y a point de puissance durable.

ATRÉE.

La probité, l'humanité, la bonne foi, sont des vertus purement privées. Les rois ne doivent avoir de règle que leur caprice.

LE GARDE.

Croyez que c'est un crime de faire du mal à un frère même coupable.

ATRÉE.

J'ai contre lui tous les droits qu'il a lui-même violés. Quel est le crime qu'il n'a pas commis, l'attentat devant lequel il a reculé ? Il m'a ravi mon épouse, il m'a volé mon royaume. Il a dérobé le gage antique de la puissance, il a porté le trouble dans ma maison par ses perfidies. Il y a, dans les riches étables de Pélops, un bélier mystérieux, chef d'un noble troupeau ; une longue toison d'or le couvre tout entier, et c'est de cette laine précieuse qu'est orné le sceptre des fils de Tantale. La couronne appartient à l'heureux possesseur de ce bélier, sur qui repose ainsi la destinée de toute notre famille. Gardé comme en un sanctuaire impénétrable, il broute l'herbe d'une prairie enfermée par des murs de pierre dont le sûr rempart défend de toute atteinte le sacré troupeau. Thyeste, dans son audace criminelle, me l'a dérobé, en associant à sa perfidie la femme qui partageait mon lit. Telle fut l'origine des maux que nous nous sommes faits l'un à l'autre. J'ai erré tremblant et fugitif à travers mon propre royaume. Rien de ce qui était à moi ne fut à l'abri de ses coups perfides. Il a séduit mon épouse, troublé la fidélité de mon peuple, jeté le désordre dans ma maison, le doute sur la légitimité de mes enfants ; rien de certain que la haine d'un frère. Pourquoi hésiter ? à l'œuvre enfin ; remplis-toi de l'esprit de Tantale, et t'inspire de Pélops, voilà les exemples que je dois suivre ; parle, dis-moi comment je dois immoler mon ennemi.

LE GARDE.

Qu'il meure sous le tranchant du glaive.

ATRÉE.

Tu parles de la fin de son supplice [1804] , mais c'est sur le supplice même que je t'interroge. Tuer, c'est de la clémence ; je veux que sous mon règne la mort soit une faveur.

LE GARDE.

Êtes-vous donc inaccessible à tout sentiment d'affection ?

ATRÉE.

S'il y eut jamais un sentiment de ce genre dans notre famille, qu'il en sorte ! Que la troupe cruelle des Furies vienne sur nous, avec la terrible Érinnys, et Mégère, armée de sa double torche. La fureur n'est pas encore assez embrasée dans mon sein ; je veux ajouter quelque chose de plus affreux à mes transports.

LE GARDE.

Qu'est-ce que votre rage veut enfanter de nouveau ?

ATRÉE.

Rien qui soit à la mesure d'une haine ordinaire : je réunirai tous les crimes, et ma fureur pourtant ne sera point satisfaite.

LE GARDE.

Le fer ?

ATRÉE.

C'est peu.

LE GARDE.

Et le feu ?

ATRÉE.

C'est peu encore.

LE GARDE.

Quel sera donc l'instrument d'une semblable colère ?

ATRÉE.

Thyeste lui-même.

LE GARDE.

C'est là une arme plus forte que toute haine.

ATRÉE.

Je l'avoue : un désordre affreux trouble mon cœur, et le bouleverse tout entier. Je suis entraîné, je ne sais où, mais je cède à la force qui m'entraîne. La terre mugit, ébranlée jusqu'en ses fondements ; le ciel tonne, quoique sans orage [1805] ; ce palais crie comme s'il allait se briser, les dieux lares se sont émus et ont tourné la tête : oui, oui, dieux suprêmes, je le commettrai ce crime qui vous fait horreur.

LE GARDE.

Que voulez-vous faire, enfin ?

ATRÉE.

Je sens fermenter dans mon cœur je ne sais quoi d'inouï, d'extraordinaire, et qui dépasse toutes les bornes de la nature humaine ; mes mains frémissent d'impatience ; je ne sais encore ce que c'est, mais c'est à coup sûr quelque chose de grand... Oui, c'est bien ; emparons-nous le premier de cette idée. C'est un forfait digne de Thyeste, et digne d'Atrée ; chacun d'eux en aura sa part. Un repas abominable a été servi dans le palais du roi de Thrace... C'est un crime horrible, je l'avoue, mais un autre l'a commis avant moi. Il faut que ma fureur imagine quelque chose de plus horrible encore. Philomèle et Procné, inspirez-moi. Notre cause est la même [1806] ; venez m'aider et conduire mes mains... Il faut qu'un père déchire avidement et avec joie ses enfants, qu'il mange ses propres membres. C'est bien, c'est assez, ce genre de supplice me plaît, j'en suis content. Où est-il ? Mon innocence me pèse. Toutes les images du crime que je dois commettre sont déjà devant mes yeux [1807] , je vois ces enfants mangés par leur père. Mon âme, pourquoi ce retour de crainte ? pourquoi cette défaillance, avant le moment venu ? Allons, du courage ; d'ailleurs, ce qu'il y a de plus épouvantable dans ce crime c'est lui qui le fera.

LE GARDE.

Mais par quel artifice l'amènerez-vous dans vos filets ? Il craint tout parce qu'il croit que tout lui est ennemi.

ATRÉE.

Il serait impossible de le tromper, s'il ne cherchait à tromper lui-même. Mais il convoite mon royaume, et ce désir lui ferait affronter la foudre de Jupiter, ce désir le pousserait à travers les vagues d'une mer orageuse, et parmi les écueils des Syrtes d'Afrique ; ce désir, enfin, lui fera braver ce qu'il regarde comme le plus affreux des maux, la vue de son frère.

LE GARDE.

Mais qui lui garantira vos intentions pacifiques ? où prendra-t-il cet excès de confiance ?

ATRÉE.

Une coupable espérance est toujours crédule. Mais, au reste, je chargerai mes fils d'un message pour leur oncle ; ils l'inviteront de ma part à quitter la vie errante d'un exilé, pour échanger sa misère contre un palais, et partager avec moi le trône d'Argos. Si Thyeste s'obstine à repousser mes prières, elles toucheront du moins ses enfants, jeunes, sans expérience, fatigués de leurs malheurs, et faciles à tromper. Mais la vieille espérance qu'il a de régner, sa triste misère, ses rudes traverses, feront taire sa défiance, et fléchiront son âme quoique endurcie par tant de malheurs [1808] .

LE GARDE.

Les années lui ont déjà rendu ses peines plus légères.

ATRÉE.

Tu le trompes, le sentiment des maux s'aigrit par le temps. Ou supporte un malheur quand il arrive, mais le porter toujours est un supplice intolérable.

LE GARDE.

Cherchez d'autres instruments pour vos funestes desseins ; vos fils en viendraient à exécuter contre vous ce que vous leur apprendriez à faire contre leur oncle. Souvent le crime retourne contre le maître qui en a donné les leçons.

ATRÉE.

Quand personne ne leur enseignerait le chemin du crime et de la perfidie, le trône les leur fera bien connaître. Tu crains qu'ils ne deviennent pervers [1809] ? Mais ils le sont en naissant. Mon projet, qui te semble barbare, cruel, féroce et impie, s'agite peut-être en ce moment dans la tête de mon frère.

LE GARDE.

Vos enfants seront-ils dans le secret de cette perfidie ? Leur âge n'est point mûr pour la discrétion ; ils pourraient trahir vos desseins. L'homme n'apprend à se taire qu'à la rude école du malheur. Sans doute que ces enfants qui vont servir à tromper votre frère, vous les tromperez eux-mêmes, afin de leur épargner au moins la complicité de cette barbarie.

ATRÉE.

Quel besoin en effet de mêler mes enfants à mon crime ? Seul je puis bien suffire au service de ma haine.... Mais quoi ? je recule dans mes projets. C'est une faiblesse. Épargner mes enfants, c'est l'épargner lui-même. Agamemnon saura mes projets et en sera l'instrument, Ménélas les saura de même et sera près de moi pour me servir à les exécuter. Ce crime sera pour moi l'occasion d'éclaircir mes doutes sur leur origine. S'ils refusent de servir ma haine, s'ils repoussent toute pensée de guerre, s'ils aiment Thyeste comme leur oncle, il est leur père. C'est bien... Mais le trouble du visage décèle bien des secrets ; malgré soi-même on se trahit dans de grands desseins. Qu'ils ignorent donc le crime dont ils vont être les instruments. Et toi, songe à garder le silence.

LE GARDE.

Il est inutile de me le recommander. La terreur et la fidélité, mais la fidélité surtout, garderont vos secrets dans mon cœur.

Scène II

LE CHŒUR

Enfin cette noble famille, race puissante du vieil Inachus, a mis un terme à ses haines fraternelles. Quelle rage vous porte à répandre le sang l'un de l'autre, et à vous disputer le trône par des crimes ? Hommes jaloux de la puissance, vous ne savez pas où réside la véritable royauté. Ce ne sont point les richesses qui font les rois [1810], ni l'éclat de la pourpre, ni le bandeau royal, ni l'or étincelant aux lambris. Celui-là seul est vraiment roi, qui sait se mettre au-dessus de la crainte et calmer l'orage de ses passions ; qui ne se laisse point aller à la fougue d'une ambition déréglée, ni à la faveur passagère d'une multitude aveugle qui ne désire ni les trésors de l'Occident, ni ceux que le Tage roule parmi ses eaux dorées, ni les riches moissons de la chaude Libye. La foudre tombant à ses pieds ne l'ébranlerait pas ; il verrait, sans pâlir, la mer soulevée par l'Eurus, et les vagues furieuses de l'Adriatique ! Il ne craint ni la lance du soldat, ni l'épée menaçante.

Tranquille au-dessus des orages, il voit tout à ses pieds, marche gaiement où son destin l'appelle, et sait mourir sans se plaindre.

Que tous les rois s'unissent contre lui, ceux qui gouvernent les Scythes errants, ceux qui règnent sur les rivages de la mer Rouge, et sur les eaux de la mer d'Érythrée aux perles brillantes, ou ceux qui ferment les portes Caspiennes aux Sarmates indomptés ; viennent les maîtres de ces peuples qui osent traverser à pied les flots du Danube, ou les princes de la Sérique aux riches tissus, la royauté véritable demeurera toujours à la vertu. Elle n'a pas besoin de coursiers rapides, ni d'armes, ni de ces flèches que le Parthe lance de loin par derrière dans sa fuite perfide. Elle n'a point à renverser les villes avec des machines de guerre qui lancent au loin des quartiers de roche. On est roi, quand ou est sans crainte ; on est roi, quand on est sans désirs ; et cette royauté, chacun peut se la donner à lui-même. Je laisse à d'autres le faîte glissant de la grandeur et de la puissance. Je ne veux pour moi que le repos d'une vie calme et douce. Je trouverai dans un état obscur les charmes d'un heureux loisir, une vie tranquille et inconnue de tous ; et quand mes jours auront ainsi passé sans bruit, je mourrai vieux et ignoré parmi la foule. La mort n'est un malheur que pour l'homme

[1811] qui, trop connu des autres, arrive au terme fatal sans se connaître lui-même.

Acte Troisième

Scène I

THYESTE, PLISTHÈNES ; le jeune TANTALE
et le troisième fils de DE THYESTE, personnages
muets.

THYESTE.

Murs sacrés de ma patrie, palais d'Argos, je vous revois ; je goûte le bonheur le plus pur auquel puisse prétendre un malheureux banni, je touche le sol qui m'a vu naître, je reconnais les dieux de mes pères (si toutefois il est des dieux [1812] !), ces tours vénérables bâties par les Cyclopes, trop belles pour être l'ouvrage des hommes, et cette carrière où s'exerce ma jeunesse, et qui m'a vu plus d'une fois remporter le prix, monté sur le char de mon père. Argos et tout son peuple vont se porter en foule au-devant de moi. Atrée aussi viendra sans doute... Retourne aux forêts qui t'ont servi d'asile, à tes bois épais, à cette vie sauvage que tu as menée parmi leurs sauvages habitants. Il ne faut pas te laisser éblouir par le faux éclat d'une couronne. En voyant ce que tu vas recevoir, regarde aussi la main qui te l'offre. Tout à l'heure, dans une position qui semble insupportable à tous les hommes, j'étais plein de courage et de gaîté. Maintenant je retombe dans mes craintes passées ; mon esprit se trouble ; je voudrais retourner en arrière, et j'avance malgré moi.

PLISTHÈNES.

Qu'est-ce ceci ? mon père ne se traîne plus qu'à pas lents ; il tourne la tête ; sa démarche devient incertaine et embarrassée.

THYESTE.

Pourquoi cette incertitude ? pourquoi délibérer si longtemps sur une question si simple ? dois-tu te fier à ce qui mérite le moins de confiance, à ton frère, à la royauté ? crains-tu des malheurs déjà surmontés, déjà rendus plus doux par l'habitude, des peines qui ont déjà porté leur fruit ? Non, tu as su trouver le bonheur dans tes disgrâces. Retourne

sur tes pas, tandis que tu le peux encore, et sauve-toi
de ces lieux funestes.

PLISTHÈNES.

Quelle puissance, ô mon père, vous fait fuir à l'aspect
de la patrie ? Pourquoi vous refuser à tant de biens ?
Le courroux de votre frère s'est apaisé ; il revient à
vous, il vous donne la moitié de son royaume,
rassemble les membres d'une famille divisée, et
vous rend à vous-même.

THYESTE.

Tu me demandes le motif de ma crainte, je l'ignore
moi-même ; je ne vois rien qui doive m'effrayer, et je
tremble pourtant [1813] . Je veux avancer, mais je sens
mes genoux se dérober sous moi ; et une force
mystérieuse m'entraîne loin du but vers lequel je
marche. Je suis comme un navire que la rame et le
vent poussent vers la haute mer, mais que le flux,
contrariant l'effort de la rame et du vent, repousse
vers le rivage.

PLISTHÈNES.

Surmontez ces vaines terreurs qui troublent votre esprit, et considérez les biens qui vous attendent ici à votre arrivée : ô mon père, vous pouvez être roi.

THYESTE.

Je puis aussi mourir [1814] .

PLISTHÈNES.

Mais le pouvoir est une belle chose.

THYESTE.

Ce n'est rien, pour qui ne désire rien [1815] .

PLISTHÈNES.

Vous laisserez la couronne à vos enfants.

THYESTE.

Un royaume ne peut contenir deux rois.

PLISTHÈNES.

Ainsi vous voulez rester misérable, quand il ne tient qu'à vous d'être heureux ?

THYESTE.

Crois-moi, mon fils, c'est notre ignorance qui nous fait aimer les grandeurs [1816] , et craindre la mauvaise fortune. Au temps de mon élévation, je n'ai jamais cessé d'être dans les alarmes. Je redoutais jusqu'au glaive pendu à ma ceinture. O quel bonheur c'est de ne gêner l'ambition de personne, et de prendre un frugal repas modestement assis à terre ! Le crime n'a point d'entrée dans les chaumières, et les mets servis sur une table étroite ne cachent aucun piège. C'est dans l'or que se verse le poison. Je parle par expérience ; la misère vaut mieux que l'opulence. Une cité faible ne reçoit point d'ombrage d'une maison bâtie sur le sommet d'une haute montagne et menaçante par sa position. Pauvre, je ne vois point l'ivoire briller à mes somptueux lambris, je n'ai point de sentinelles vigilantes pour protéger mon sommeil. Je n'envoie point de flottes entières à la pêche [1817] , la mer ne recule point refoulée par mes digues ambitieuses. Les tributs des nations ne viennent point s'engloutir dans l'abîme de mes appétits gloutons. Je ne cherche point à reculer jusqu'aux terres des Gètes et des Scythes la borne de mes champs. L'encens ne brûle point pour moi comme pour un dieu [1818] , et les autels de Jupiter ne sont point remplacés par les miens [1819] . Point de forêts dont les arbres se balancent sur le toit de mes palais ; point d'étangs dont les eaux fument chauffées par la main des hommes [1820] . Je n'ajoute point le jour à la nuit pour le sommeil, ni la nuit au jour pour les débauches de table. Mais aussi je vis sans crainte ; ma demeure est tranquille quoique sans armes, et la médiocrité de mon état m'assure un profond repos. C'est une richesse plus que royale, que de savoir se passer de la royauté.

PLISTHÈNES.

Il ne faut pourtant pas la refuser, si les dieux vous la donnent.

THYESTE.

Il ne faut pas la rechercher non plus.

PLISTHÈNES.

Votre frère vous prie de partager le trône avec lui.

THYESTE.

S'il m'en prie, je dois craindre ; il y a là quelque piège tendu autour de moi.

PLISTHÈNES.

On voit souvent la tendresse fraternelle rentier dans les cœurs d'où elle s'était retirée, et ce sentiment légitime reprendre toute sa puissance.

THYESTE.

Mon frère m'aimer ! on verrait plutôt l'Ourse du pôle se plonger dans l'Océan, l'onde impétueuse du détroit de Sicile se calmer, les moissons mûrir sur les flots de la mer Ionienne, la nuit sombre éclairer la terre, l'eau s'unir au feu, la mort à la vie, le vent faire un traité de paix et d'alliance éternelle avec la mer.

PLISTHÈNES.

Cependant quelle perfidie pouvez-vous craindre ?

THYESTE.

Toutes ! quelle mesure veux-tu que je mette à mes craintes ? Sa puissance à lui n'en a pas d'autres que sa haine.

PLISTHÈNES.

Que peut-il contre vous ?

THYESTE.

Pour moi-même je ne crains plus rien : c'est pour vous qu'Atrée me semble redoutable [1821] .

PLISTHÈNES.

Vous craignez sa perfidie, maintenant que vous êtes en sa puissance ! se garder du piège quand on y est tombé, c'est trop tard.

THYESTE.

Marchons donc. Mais vous le voyez, ô mes enfants, je vous suis et ne vous conduis pas.

PLISTHÈNES.

Le ciel récompensera votre amour de père ; marchez d'un pas ferme et assuré.

Scène II

ATRÉE, THYESTE, PLISTHÈNES ;
Le jeune TANTALE et le troisième fils de THYESTE,
personnages muets.

ATRÉE.

La bête féroce est tombée dans le piège que je lui ai tendu. Le voici lui-même, et ses enfants que je hais à l'égal de leur père. Ma vengeance est de ce moment assurée ; Thyeste est en ma puissance, il y est tout entier. Je puis à peine me contenir moi-même et régler les mouvements de ma colère. Semblable au chien généreux qui cherche la trace des bêtes, et, tenu en laisse, recueille les parfums semés sur leur passage : tant qu'il ne sent que de loin le sanglier, il obéit, et parcourt sans bruit tous les fourrés du bois ; mais quand il le sent approcher, il s'agite avec force, tous les muscles de son cou se tendent, il accuse par ses cris la lenteur de son maître, et rompt les liens dont on veut le retenir. Quand la haine respire l'odeur du sang, il faut qu'elle éclate.

Cachons-la pourtant. — Comme son visage est pâle et défait ! quelle chevelure épaisse et confuse ! quelle barbe en désordre ! — Remplissons nos engagements [1822] : j'ai du bonheur à vous revoir, mon frère, venez dans mes bras, oublions toutes nos haines passées ; à partir de ce jour, n'écoutons plus que la voix du sang et de l'amitié fraternelle. Que tout sentiment coupable sorte à l'instant même de nos cœurs.

THYESTE.

Si vous n'étiez tel à mon égard, il me serait facile de prouver mon innocence [1823] ; mais j'aime mieux tout avouer : je le confesse donc, Atrée, j'ai commis autant de crimes que vous m'en avez imputé. Votre conduite actuelle rend ma cause mauvaise, et je sens qu'il faut avoir été vraiment coupable, pour avoir paru tel aux yeux d'un aussi bon frère. Je n'ai plus que mes larmes pour défense. Le premier de tous les mortels, vous me voyez à vos pieds. Ces mains qui n'ont jamais embrassé les genoux de personne embrassent les vôtres. Oubliez tous vos ressentiments, et que votre cœur s'apaise tout à fait envers moi. Recevez ces fils innocents comme otages de ma foi.

ATRÉE.

N'embrassez pas mes genoux, ô mon frère, mais plutôt venez dans mes bras. Et vous, nombreux appuis de notre vieillesse, venez vous suspendre à mon cou. Quittez, mon frère, ces vêtements de deuil qui sont un reproche pour mes yeux, prenez des habits semblables aux miens, et recevez avec joie la moitié de mon royaume. Mon plus beau titre de gloire, c'est de sauver mon frère et de partager avec lui cette majesté royale que j'ai reçue de mon père. Avoir une couronne, c'est l'effet du hasard ; la donner, c'est l'ouvrage de la vertu [1824] .

THYESTE.

Que les dieux, mon frère, vous rendent le juste prix de tant de bienfaits. L'éclat du diadème convient mal à ma tête flétrie par la misère, le sceptre à mes mains coupables : laissez-moi me cacher dans la foule obscure de vos sujets.

ATRÉE.

Non ; il y a place pour deux sur mon trône.

THYESTE.

Je jouis de tous vos biens, mon frère, comme s'ils étaient à moi.

ATRÉE.

Peut-on se dérober aux faveurs de la fortune ?

THYESTE.

Oui, quand on sait combien elles nous échappent facilement.

ATRÉE.

Voulez-vous me priver ainsi d'une gloire immense ?

THYESTE.

Votre gloire est assurée, il me faut songer à la mienne. Je suis fermement résolu à refuser le trône que vous m'offrez.

ATRÉE.

Si vous n'en prenez votre part, je renonce à la mienne.

THYESTE.

J'accepte donc, et, puisque vous me l'imposez, je porterai le titre de roi ; mais le droit et la puissance que vous me donnez, vous seront toujours soumis, aussi bien que ma personne.

ATRÉE.

Que votre noble front sépare du bandeau royal ;
moi, je vais sacrifier aux dieux les victimes que je
leur dois.

Scène III

Qui le croirait ? le cruel Atrée, cet homme si dur, si emporté, si violent, s'est senti désarmé à l'aspect de son frère. Rien n'est fort comme la voix du sang. Les haines entre étrangers sont implacables ; mais les sentiments naturels reprennent toujours leur empire. La haine excitée par de graves motifs avait rompu l'harmonie et appelé la guerre ; les coursiers rapides avaient fait retentir sous leurs pas la terre de nos campagnes ; de part et d'autre, le glaive homicide a brillé, entre les mains furieuses du dieu des combats qui ne respire que carnage toujours nouveau ; mais voici que la voix du sang couvre le bruit des armes, réunit dieux frères divisés, et les ramène malgré eux à la paix.

Quel dieu propice a fait succéder le calme à ce trouble cruel ? Tout à l'heure encore Mycènes retentissait du fracas de la guerre civile. Les mères pâles pressaient leurs enfants contre leur sein ; l'épouse tremblait pour son époux revêtu d'armes rouillées par les loisirs d'une longue paix, et qui ne servaient qu'à regret une fureur impie. Ici l'on travaille à relever des murs en ruines ; là ce sont des tours chancelantes qu'on raffermit, des portes qu'on fortifie par des chaînes de fer. Il faut faire une garde vigilante et passer des nuits inquiètes sur des créneaux. La crainte de la guerre est plus terrible que la guerre même.

Maintenant, ces jours d'alarmes sont passés : le cri terrible de la trompette a cessé de retentir, et notre ville est dans la joie d'une paix profonde. Ainsi, quand le Corus a soulevé la mer de Sicile et remué ses derniers abîmes, les gouffres de Scylla s'ébranlent avec fracas, et les matelots redoutent jusque dans le port cette mer que Charybde renvoie après l'avoir engloutie. L'affreux Cyclope se trouble lui-même dans les forges brûlantes de l'Etna, au bruit de Neptune en furie ; il tremble que la mer ne s'élève enfin jusqu'à ses fourneaux, où le feu ne s'éteint jamais. Ithaque s'émeut, et Laërte craint de voir son chétif royaume englouti dans les flots.

Mais aussitôt que la fureur des vents s'est apaisée, la mer s'aplanit comme un lac tranquille ; cette étendue sur laquelle un large vaisseau n'osait se risquer avec toutes ses voiles déployées, devient une surface unie où les barques se jouent sans péril ;

et l'on peut compter les poissons qui nagent dans ces mêmes eaux, tout à l'heure si troublées par la tempête, que les Cyclades en tremblaient sur leurs bases.

Il n'est point d'état durable sur la terre : le plaisir et la douleur se succèdent et se remplacent, mais la part du plaisir est toujours moindre. Un moment suffit pour mettre un homme du sommet des grandeurs au dernier-degré de l'abaissement. Celui qui dispense à son gré les couronnes [1825] , qui, d'un signe de sa tête, désarme le Mède, et l'Indien brûlé par l'astre du jour, et le Scythe qui menace le Parthe de sa puissante cavalerie, tient lui-même le sceptre d'une main tremblante ; il prévoit, il redoute ces révolutions soudaines qui bouleversent le monde, et les changements que le temps peut amener.

O vous, à qui le roi de la terre et des mers a donné ce droit terrible de vie et de mort, abaissez l'orgueil de vos fronts superbes. Tout ce que vos sujets ont à redouter de vous, vous avez vous-même à le craindre d'un maître qui vous domine. Toute puissance relève d'une puissance supérieure. Un monarque règne au matin dans sa force, et le soir le voit renversé. Il ne faut point ni trop se confier dans la prospérité, ni désespérer dans le malheur. Clotho mêle ces deux extrêmes de la vie humaine, et ne laisse point reposer la fortune, qui mène tout au branle de sa roue. Jamais homme ne fut assez favorisé du ciel pour être sûr du lendemain. Dieu roule dans un tourbillon rapide les hommes et les choses.

Acte Quatrième

Scène I

UN MESSAGER, LE CHŒUR.

LE MESSAGER.

Puisse un tourbillon rapide m'emporter par les airs ! puisse un nuage épais m'envelopper tout entier, pour ôter à mes yeux un aussi horrible spectacle ! O race abominable, dont Pélops et Tantale même doivent rougir !

LE CHŒUR.

Quelle nouvelle nous apportez-vous donc ?

LE MESSAGER.

Quel est ce pays ? est-ce Argos et Sparte célèbre par la tendre amitié de deux frères ? est-ce Corinthe assise sur une terre étroite entre deux mers ? sommes-nous sur les bords de l'Ister favorable aux incursions des cruels Alains ? est-ce ici la terre d'Hyrcanie, couverte de neiges éternelles, ou le désert des Scythes errants ? quelle est cette partie du monde qui a servi de théâtre à un aussi monstrueux attentat ?

LE CHŒUR.

Parlez, et quel que soit ce crime, faites-nous-le connaître.

LE MESSAGER.

Attendez que mon esprit se calme, et que mes membres glacés par la crainte retrouvent leurs mouvements. L'image de ce crime épouvantable est encore là devant mes yeux. Tempêtes furieuses, emportez-moi loin de cet affreux spectacle, jusqu'aux lieux où le soleil a porté sa lumière en fuyant ces climats.

LE CHŒUR.

C'est nous tenir trop longtemps dans cette cruelle incertitude. Expliquez-nous enfin ce qui vous cause tant d'horreur ; dites-nous l'auteur du crime. Je ne demande pas qui, mais lequel des deux l'a commis. Parlez donc sans retard.

LE MESSAGER.

Dans la partie supérieure du palais de Pélops [1826] , est un édifice tourné au midi, dont l'extrémité, s'élevant comme une montagne, domine la-ville, et tient comme sous le joug le peuple inquiet d'Argos. Là est une salle immense dont les combles dorés s'appuient sur de belles colonnes de marbre tacheté. Derrière cette salle, connue du vulgaire et dont l'entrée lui est permise, il est d'autres bâtiments plus mystérieux qui forment le centre de ce riche palais. Celui du prince est le plus intérieur de tous, et le plus caché : entre les murailles de ce sanctuaire de la royauté s'élève un bois antique dont les arbres ne sont point destinés à charmer la vue, et dont le fer n'a jamais émondé le feuillage. On n'y voit que l'if, le cyprès, et la sombre yeuse, dominés par un chêne orgueilleux qui s'élève de toute la tête au-dessus de cette forêt. C'est là que les fils de Tantale vont prendre les auspices à leur avènement au trône ; c'est là que dans leurs revers ou dans leurs craintes ils vont implorer le secours des dieux. On voit appendus à ce chêne des dons pieux, des trompettes guerrières, des chars brisés, des carènes rompues sur la mer Égée, le char d'Énomaüs, l'essieu trompeur de Myrtile, et tous les monuments de la valeur des fils de Tantale. On y voit la tiare phrygienne de Pélops, les dépouilles de ses ennemis, et la chlamyde aux riches couleurs, monument de ses victoires sur les Barbares. Sous l'ombrage de ce bois, est une triste fontaine aux eaux noires et stagnantes, comme celles des marais, semblable au fleuve infernal qui garantit les serments des dieux. On raconte que, durant les nuits, on entend dans ce lieu les divinités funèbres gémir, que le bois retentit d'un bruit de chaînes agitées et des hurlements des Mânes. Tous les prodiges, dont le récit même épouvante, se voient dans ce lieu ; des morts s'y promènent sortis de leurs vieux tombeaux, et des monstres d'une grandeur inconnue s'y font voir. Souvent même la forêt brille de mille feux, et les arbres gigantesques s'enflamment d'eux-mêmes [1827] . Le bois retentit parfois d'un triple aboiement, et des spectres plus grands que nature jettent la terreur dans le palais. Le jour même ne rend pas ce lieu moins horrible : il a une nuit qui lui est propre, et les fantômes de l'enfer s'y promènent à la lumière du soleil. Ceux qui vont consulter l'avenir en ce lieu en rapportent des oracles certains ; la prophétie s'échappe du sanctuaire avec un bruit immense ; un dieu parle, et la caverne s'ébranle au son de sa voix redoutable. Atrée furieux entre dans ce lieu funeste, traînant après lui les enfants de son frère ; à l'instant on pare les autels. Comment raconter dignement ce sacrifice abominable ? Lui-même attache les nobles mains de ses neveux derrière leurs dos, et ceint leurs tristes fronts d'une bandelette de pourpre. L'encens fume, la liqueur sacrée de Bacchus coule en libations, le couteau sépare le gâteau salé sur la tête des victimes. Rien ne manque à l'ordre prescrit pour les sacrifices, et ce crime affreux s'entoure de toutes les formes religieuses.

LE CHŒUR.

Et quel est le sacrificateur [1828] ?

LE MESSAGER.

Atrée lui-même : il prononce les prières funèbres, et de sa bouche cruelle fait entendre le chant de mort ; il est debout devant l'autel ; il touché tes victimes, les dispose, en approche le fer, et cherche la place où il doit frapper. Aucune formule du sacrifice n'est oubliée. Soudain le bois sacré s'agite, le sol tremble, le palais tout entier chancelle et semble chercher la place où il doit tomber ; de la partie gauche du ciel une étoile s'élance et laisse derrière elle un noir sillon ; le vin répandu sur le brasier devient du sang ; le diadème s'échappe trois fois du front d'Atrée ; l'ivoire pleure dans les temples ; tous les habitants d'Argos pâlissent à la vue de ces prodiges : Atrée seul demeure inébranlable, et fait trembler les dieux qui le menacent. Tout à coup il s'élance à l'autel en jetant autour de lui des regards sombres et effrayants. Comme on voit dans les forêts de l'Inde un tigre hésiter entre deux jeunes taureaux, mesurer des yeux cette double proie que sa voracité convoite au même degré, et, ne sachant lequel des deux il doit saisir d'abord, tourner vers l'un, puis ramener vers l'autre sa gueule épouvantable, et tenir en suspens l'appétit qui le dévore : ainsi le cruel Atrée s'arrête à contempler les deux victimes dévouées à sa fureur impie ; il ne sait laquelle il doit s'immoler d'abord, laquelle il doit sacrifier la seconde : peu lui importe, sans doute ; mais il balance, et veut mettre de l'ordre dans son horrible forfait.

LE CHŒUR.

Quelle est enfin celle qu'il a frappée d'abord ?

LE MESSAGER.

La première (ne croyez pas qu'il manque de piété filiale [1829]) a été pour son aïeul : le jeune Tantale est tombé le premier.

LE CHŒUR.

Qu'a senti, qu'a témoigné cet enfant à l'aspect de la mort ?

LE MESSAGER.

Il est demeuré calme, et ne s'est point répandu en vaines prières : mais le cruel Atrée lui a plongé son glaive dans la gorge, et l'a enfoncé dans la blessure jusqu'à la garde. Le fer retiré, la victime est restée sur elle-même, comme ne sachant où elle devait tomber, et enfin elle s'est renversée sur son oncle. Au même instant le barbare traîne Plisthènes à l'autel et le réunit à son frère ; il le frappe et lui tranche la tête. Le tronc mutilé tombe à terre, et la tête roule avec un murmure faible et plaintif.

LE CHŒUR.

Et que fait-il après ce double meurtre ? Épargne-t-il au moins l'enfant, ou s'il ajoute un nouveau crime aux deux premiers ?

LE MESSAGER.

Comme un lion d'Arménie, à la crinière flottante, après avoir fait un carnage affreux dans un, grand troupeau, conserve encore toute sa rage, quoique sa gueule soit pleine de sang, et sa faim apaisée, et menace encore les jeunes bœufs et les veaux de ses dents fatiguées de meurtres ; ainsi la fureur d'Atrée dure encore et se ranime. Il tient en main son glaive souillé par un double assassinat, et oubliant quelle victime lui reste à frapper, il porte un coup qui la traverse de part en part : l'épée s'enfonçant dans la poitrine de l'enfant sort par son dos ; le malheureux tombe, mourant de sa double blessure [1830] , et son sang qui coule éteint la flamme allumée sur l'autel.

LE CHŒUR.

O crime affreux !

LE MESSAGER.

Vous frémissez ! mais ce n'est rien ; si Atrée en était resté là, il serait encore vertueux.

LE CHŒUR.

Mais y a-t-il dans la nature un forfait plus grand et plus atroce ?

LE MESSAGER.

Croyez-vous être à la fin de son crime ? vous n'en êtes qu'au premier degré.

LE CHŒUR.

Qu'a-t-il pu faire de plus ? peut-être il a livré les corps à déchirer aux bêtes féroces, et les a privés des honneurs du bûcher ?

LE MESSAGER.

Plût au ciel qu'il les eût privés de la terre qui couvre les morts et de la flamme qui les consume, pour les faire servir de pâture aux oiseaux, ou les jeter en proie aux bêtes féroces, et fait voir au malheureux Thyeste ses fils sans sépulture ! ce supplice pour lui serait une grâce. — O crime que la postérité ne croira jamais et qu'aucun siècle ne pourra concevoir ! les entrailles arrachées de ces corps vivants tressaillent, les veines palpitent, et le cœur s'agite encore sous l'impression de la terreur ; Atrée a le courage de manier les fibres, et d'y lire la destinée ; il observe attentivement les viscères encore tout pénétrés du feu de la vie. Satisfait des présages qu'il y trouve, il s'occupe tranquillement du festin qu'il veut offrir à son frère. Il coupe les corps en morceaux, il sépare du tronc les épaules et les attaches des bras, met à nu les articulations, brise les os, et ne laisse en leur entier que la tête et les mains qu'il avait reçues dans les siennes en signe de fidélité. Une partie des chairs est embrochée et se distille lentement devant le feu ; l'autre est jetée dans une chaudière que la flamme fait bouillonner et gémir : le feu laisse derrière lui ces effroyables mets, il faut le replacer trois fois dans le foyer pour le forcer enfin à s'arrêter et à brûler malgré lui. Le foie siffle autour de la broche, et je ne saurais dire laquelle gémit plus fort de la chair ou de la flamme, qui, noire comme la poix, se dissipe en fumée. Cette fumée est elle-même sombre et pesante ; elle ne monte pas droite vers le ciel, mais elle se balance dans l'air, et forme autour des dieux Pénates un nuage épais qui les contre. — O Soleil trop patient ! tu t'es retourné en arrière, tu as fermé le jour au milieu de ta course ; mais trop tard cependant. Le malheureux Thyeste déchire ses enfants, et de sa bouche cruelle dévore ses propres membres. Il est là, les cheveux brillants et parfumés, la tête appesantie par le vin. Plus d'une fois son estomac s'est fermé à ces funestes aliments. Malheureux ! le seul bien qui te reste dans ton infortune c'est de ne la connaître pas, mais ce bien même va t'échapper. Quoique le Soleil ait retourné son char, pour suivre une route directement contraire à la sienne, et que la nuit ait devancé son heure pour étendre sur ce crime affreux des ténèbres inconnues, il te faudra pourtant voir, malheureux Thyeste, il te faudra connaître l'excès de ta misère.

Scène II

LE CHŒUR

Roi de la terre et du ciel, toi dont l'éclat fait pâlir tous les astres de la nuit, vers quels climats es-tu allé ? pourquoi nous ravir la lumière au milieu du jour, et cacher à nos yeux l'éclat de ton visage ? l'étoile qui amène les heures du soir n'appelle point encore le brillant cortège des astres nocturnes ; le moment n'est point venu de dételer les coursiers de ton char descendu à l'Occident ; le jour n'est pas si près de la nuit, la troisième trompette ne s'est point fait entendre. Le laboureur, dont les bœufs ne sont pas là encore, s'étonne de voir arriver si vite l'heure de son repas du soir.

Quelle puissance a fermé ta route dans le ciel ? quelle révolution soudaine a détourné tes coursiers de leur carrière accoutumée ? Est-ce que les Géants vaincus auraient brisé les portes de l'Enfer, et recommenceraient leur guerre contre les dieux ! Tityus a-t-il senti sa rage renaître dans son sein déchiré par le vautour ? Typhée a-t-il soulevé la montagne qui l'écrase et déployé ses vastes membres ? les vaincus de Phlégra tenteraient-ils contre le ciel une nouvelle attaque ? l'Ossa de Thrace va-t-il encore se dresser par leurs mains sur le Pélion de Thessalie ?

L'antique harmonie du monde est brisée ; plus de lever, plus de coucher du soleil. La fraîche déesse du matin qui amène les premiers feux du jour, et remet au dieu de la lumière les rênes de son char, voit avec étonnement ce trouble répandu dans son empire ; elle ne sait plus rafraîchir ses chevaux fatigués, ni plonger dans la mer son attelage inondé de sueur. Le Soleil, surpris de sa nouvelle demeure, trouve l'Aurore à son coucher, et appelle les ténèbres quand la nuit n'est pas prête encore. Les étoiles ne se montrent pas à sa place, aucun flambeau ne s'allume dans le ciel, et la lune ne vient point diminuer l'horreur de cette obscurité profonde.

Et plût au ciel que ce fût là seulement la nuit ! Une affreuse terreur glace nos âmes, nous tremblons que ce ne soit la fin de toutes choses, et que l'informe chaos ne revienne envelopper les hommes et les dieux [1831] ; nous tremblons de voir la terre, la mer, le feu et les étoiles errantes se perdre encore une fois dans le bouleversement de la nature. Le roi des astres, dont l'éternel flambeau conduit la marche des siècles, ne marquera plus la succession des hivers et des étés. La lune, venant à sa rencontre, ne diminuera plus l'horreur de la nuit effrayante, dans sa course plus rapide que celle de son frère, parce que la courbe qu'elle décrit est aussi moins grande. La foule innombrable des astres se perdra dans un même abîme.

Le cercle céleste, autour duquel tournent les années et les constellations, et qui partage obliquement les zones, tombera lui-même et entraînera dans sa chute les astres défaillants. Le Bélier qui, aux premiers jours du printemps, ouvre les voiles aux tièdes zéphyrs, sera précipité dans les flots à travers lesquels il porta jadis la timide Hellé. Le Taureau, qui sur ses cornes brillantes soulève les Hyades, entraînera dans sa chute les Gémeaux et le Cancer aux pinces recourbées. Le Lion de Némée, qui lance tous les feux de l'été, retombera du ciel où la valeur d'Hercule l'a fait remonter. La Vierge reviendra sur la terre qu'elle avait quittée. La Balance et l'ardent Scorpion se détacheront ensemble du zodiaque. Le vieux Chiron, qui lance des flèches empennées avec son arc d'Émonie, verra cet arc se rompre dans sa main, et ses flèches tomber. Le Capricorne glacé, qui ramène l'hiver, brisera en tombant l'urne du Verseau qui lui-même entraînera la dernière constellation du ciel, les Poissons. Les monstres, qui jamais ne se sont baignés dans les flots de l'Océan, s'engloutiront dans cet abîme universel ; le Serpent, qui s'étend comme un fleuve onduleux entre les deux Ourses, périra, ainsi que la Cynosure glacée, qui occupe si peu de place à côté de l'immense Dragon. Le pesant Bouvier, qui garde son chariot, perdra son immobilité et se précipitera du haut du ciel.

Malheureux ! nous avons été choisis dans la multitude des générations humaines pour être écrasés sous la chute du monde ; notre vie a été marquée pour la fin des siècles [1832] . O race également déplorable, soit que nous ayons perdu le soleil sans notre faute, soit que nous l'ayons chassé par nos crimes ! mais point de plaintes et point de terreur. Ce serait un amour insensé de l'existence que de se refuser à périr avec le monde.

Acte Cinquième

Scène I

ATRÉE

Je marche l'égal des dieux, je vois tous les hommes à mes pieds, et ma tête sublime atteint jusqu'au ciel. C'est maintenant que je règne, c'est maintenant que le trône de mon père est à moi. Les dieux ne me doivent plus rien, tous mes vœux sont remplis. Je suis content, c'est assez, je ne demande pas davantage. Mais pourquoi serait-ce assez ? Non : je ferai plus, je veux accabler ce père de la mort de ses enfants. Pour m'épargner toute pudeur, le jour s'est retiré ; à l'œuvre donc, pendant que le ciel me favorise. Que ne puis-je tenir tous les dieux qui ont fui devant moi, pour les traîner ici malgré eux et leur faire contempler ce festin qu'a préparé ma vengeance ! mais il suffit que Thyeste le voie. En dépit du jour qui nous retire sa lumière, je dissiperai les ténèbres qui te cachent l'excès de ton malheur. — Voilà trop longtemps qu'il est à table comme un convive heureux et tranquille. C'est assez de viandes, c'est assez de vin. Il ne faut pas qu'il soit ivre pour sentir sa misère. — Ouvrez les portes de ce palais comme pour un jour de fête. Il me tarde de voir la couleur de son visage à l'aspect des têtes de ses enfants, d'entendre ses premiers cris de douleur, de le voir tomber sans haleine et le corps glacé. Tel doit être le fruit de mon œuvre. Ce n'est pas de ses souffrances que je veux être témoin, mais de leur commencement [1833] . — Le palais est ouvert et resplendissant de mille feux : Thyeste est là, couché sur la pourpre et sur l'or ; sa tête appesantie par le vin s'appuie sur sa main gauche. Un hoquet... [1834] Oh ! je suis le plus grand des dieux, et le roi des rois. Mes vœux sont dépassés. Il est rassasie de viandes, et boit le vin dans une large coupe. Ne te fais pas faute de boire, il reste encore assez de sang de mes trois victimes ; je le mêlerai avec un vin vieux pour en déguiser la couleur, et cette dernière coupe achèvera ton repas. Qu'un père boive le sang de ses enfants ! Il aurait bu le mien. Le voilà qui chante, et se répand en paroles joyeuses ; il n'est plus maître de sa raison.

Scène II

HYMNE

O mon âme, fatiguée par de longues infortunes, dépose le fardeau de tes soucis inquiets [1835] ; bannis la tristesse, bannis la crainte, loin de moi l'indigence, misérable compagne de l'exil, et la honte qui s'attache au malheur. Ne regarde pas où tu es, mais d'où tu viens. C'est beaucoup de pouvoir, en tombant de haut, poser un pied ferme sur la terre ; il est beau, quand on est couvert par la chute d'un empire, de ne point courber la tête sous un si grand poids, de ne point se laisser abattre, de marcher droit et ferme sous tant de ruines.

Mais dissipons ces ombres de ma vie, et chassons bien loin ces tristes images d'un temps qui n'est plus. Puisque la fortune me sourit, je dois lui sourire. Chassons de mon esprit le Thyeste passé. L'ordinaire défaut des malheureux, c'est de ne plus croire au bonheur. En vain le sort, devenu plus propice, les invite à la joie : pour avoir connu le malheur, ils ne savent plus être heureux.

Pourquoi ce retour de tristesse qui m'empêche de jouir d'un aussi beau jour ? pourquoi ces larmes qui tombent de mes yeux sans que j'en sache la cause ? pourquoi ne puis-je parer mon front de ces fleurs nouvelles ? Ah ! je ne le puis, je ne le puis. Les roses du printemps se détachent de ma tête ; les parfums qui baignent mes cheveux, ne les empêchent pas de se dresser d'horreur, et mon visage est mouillé de larmes involontaires. Des cris lugubres se mêlent à mes chants. Ah ! je veux donner encore des larmes à ma douleur, les malheureux trouvent un charme cruel à pleurer : je veux pousser de tristes plaintes, je veux déchirer cette robe de pourpre, et remplir ce palais de mes hurlements. Mon esprit s'émeut dans la vue des maux prêts à fondre sur ma tête, et me les annonce d'avance. Ah ! quand la mer se gonfle ainsi d'elle-même sans un vent qui la soulève, une tempête effroyable menace les matelots.

Insensé ! de quels malheurs, de quelles craintes vas-tu te troubler l'esprit ? Livre-toi sans défiance à ton frère. Quoi que tu puisses craindre, c'est une peur chimérique ou tardive. Malheureux ! je voudrais m'en défendre, mais je sens une vague terreur au dedans de moi. Des larmes soudaines s'échappent de mes yeux sans que j'en puisse dire la cause. Est-ce la douleur ou la crainte ? pleure-t-on aussi dans l'excès de la joie ?

Scène III

ATRÉE, THYESTE.

ATRÉE.

Unissons-nous, mon frère, pour célébrer dignement ce grand jour : il affermit le sceptre dans mes mains, il me donne le gage assuré d'une paix inviolable.

THYESTE.

Je suis rassasié de viandes et de vin. Le seul désir que je puis former pour mettre le comble à ma joie, c'est de la partager avec mes enfants.

ATRÉE.

Ah ! croyez qu'ils sont déjà dans les bras de leur père. Ils y sont, ils y seront ; rien d'eux ne vous sera ôté ; vous voulez voir leurs visages, vous les verrez, et je les mettrai tous dans votre sein. Je vous en rassasierai, soyez tranquille ; en ce moment ils sont avec les miens, assis à table, et dans la joie d'un festin qui convient à leur âge. Mais je les ferai venir. En attendant videz cette coupe héritée de nos aïeux, et remplie d'un noble vin.

THYESTE.

Je la reçois des mains de mon frère. J'offrirai une libation aux dieux paternels et boirai le reste. Mais qu'est-ce donc ? ma main refuse d'obéir, cette coupe devient lourde et mon bras ne peut plus la soutenir. Le vin, approché de ma bouche, s'en retire, et fuit mes lèvres trompées. La table même a tressailli sur le sol ébranlé. Les flambeaux ne jettent presque plus de lumière. Le ciel, entre le jour et la nuit, semble étonné de n'avoir plus de clartés. Qu'est-ce donc ? la céleste voûte s'ébranle avec plus de force, les ténèbres s'épaississent, l'obscurité devient plus grande, la nuit se cache dans la nuit. Tous les astres ont disparu. Puissances du ciel, épargnez du moins mon frère et mes enfants. Que sur ma tête coupable s'épuise tout l'effort de la tempête. Ah ! rendez-moi mes enfants.

ATRÉE.

Je vous les rendrai, et rien au monde ne pourra vous les ravir.

THYESTE.

Quel trouble agite mes entrailles ? que sens-je trembler dans mon corps ? Je sens un poids qui m'accable, et j'entends résonner dans ma poitrine des gémissements qui ne sont pas les miens [1836] . Venez, ô mes enfants, votre malheureux père vous appelle ; venez, votre vue dissipera cette douleur. Mais d'où, me parlent-ils donc ?

ATRÉE.

Ouvre tes bras, heureux père, les voici. Reconnais-tu tes enfants ?

THYESTE.

Je reconnais mon frère ! Peux-tu bien, ô terre, porter un pareil crime ! Tu ne te plonges pas avec nous dans l'abîme du Styx ! tes flancs ne se sont pas ouverts pour précipiter dans le gouffre du chaos ce royaume et son roi ! Mycènes n'est pas détruite, et ses maisons renversées ! nous ne sommes pas encore lui et moi dans l'enfer auprès de Tantale ! Entrouvre-toi d'une extrémité jusqu'à l'autre ; et, par la déchirure immense de tes entrailles, laisse-nous tomber dans un abîme plus profond que le Tartare, plus profond que celui où gémissent nos aïeux, s'il en est un dans un gouffre où l'Achéron nous couvre de tous ses flots. Que les âmes coupables se promènent sur nos têtes, et que le Phlégéthon brûlant, devenu l'instrument de notre supplice, roule sur nous ses sables embrasés. O terre, peux-tu rester ainsi comme une masse inerte et privée de sentiment ? Il n'y a plus de dieux.

ATRÉE.

Songe plutôt à recevoir avec amour tes enfants si impatiemment désirés : ton frère ne veut plus

retarder ton bonheur ; jouis de leur présence,
embrasse-les, partage entre eux les caresses.

THYESTE.

Voilà donc ce traité de paix, cette amitié rendue,
cette foi jurée entre frères ? c'est donc ainsi que tu
abjures la haine ? Ce ne sont plus mes fils vivants
que je te demande ; frère, je demande à mon frère
une grâce qui ne prend rien sur son crime et sur sa
haine, la permission de les ensevelir. Rends-moi
d'eux ce que tu me verras brûler à l'instant. Ce n'est
pas pour les garder que je les demande, mais pour
les perdre.

ATRÉE.

Tu auras de tes fils tout ce qui en reste ; ce qui n'en
reste plus, tu l'as déjà.

THYESTE.

En as-tu fait la pâture des oiseaux cruels ? les as-tu jetés en proie aux bêtes féroces ?

ATRÉE.

C'est toi-même qui les as mangés dans cet horrible festin.

THYESTE.

C'est pour cela que les dieux ont été frappés d'horreur ! c'est pour cela que le soleil est retourné en arrière ! Quels cris ? quelles plaintes faire entendre ? quelles paroles suffiront à ma douleur ? Je vois leurs têtes coupées, leurs mains arrachées, et tous leurs os mis en pièces. Ce sont là les seules parties que leur père n'a pu dévorer. Mes entrailles s'agitent, ce crime enfermé dans mon sein fait effort pour en sortir, et cherche vainement une issue. Frère, donne-moi ton épée, elle est déjà toute abreuvée de mon sang ; donne-la-moi, que j'ouvre avec le fer une issue à mes enfants. Tu me la refuses ! je vais briser ma poitrine à force de coups. Arrête, malheureux ! épargne les ombres de tes fils. Qui jamais vit un pareil crime ? Quel sauvage habitant des roches inhospitalières du Caucase, quel Procruste, fléau de l'Attique, a jamais rien fait de semblable ? moi père j'écrase mes enfants, et mes enfants m'écrasent ! N'y a-t-il point de mesure dans le crime ?

ATRÉE.

On peut garder une mesure dans le crime, jamais dans la vengeance. J'ai trop peu fait encore pour la mienne. J'aurais dû baigner ton visage de leur sang lorsqu'il s'échappait de leurs blessures, et te le faire boire ainsi tout chaud et tout vivant. J'ai trahi ma vengeance en la précipitant. J'ai frappé tes fils de l'épée, je les ai immolés aux pieds des autels, comme des victimes expiatoires et dévouées : eux morts, j'ai mis leurs membres en pièces, je les ai coupés en petits morceaux ; j'en ai jeté une partie dans des chaudières bouillantes, j'ai mis l'autre à rôtir lentement devant le feu. Ils vivaient encore lorsque je coupais leurs membres et leurs muscles ; j'entendais leurs fibres mugir embrochées, et ma main attisait la flamme. C'est leur père qu'il fallait charger de ce soin. Ah ! ma colère s'est trompée. Thyeste a broyé ses fils sous ses dents impies, mais il n'en savait rien, mais eux ne le savaient pas.

THYESTE.

Écoutez, mers aux flottants rivages, et apprenez ce crime ; apprenez-le, dieux, où que vous soyez depuis que cet attentat vous a fait fuir ! terre, enfers, apprenez-le ! Sombre et affreuse nuit du Tartare, prête l'oreille à mes cris. C'est toi qui m'attends ; toi seule dois être le témoin de ma misère, nuit profonde et sans étoiles. Je ne formerai point de vœux coupables. D'abord je ne demande rien pour moi ; eh ! que pourrai-je demander ? c'est pour vous seuls, ô dieux, que je vous prie. — Souverain maître du ciel, roi suprême du royaume éthéré, bouleverse le monde dans un tourbillon d'affreux nuages, déchaîne tous les vents, et que toutes les parties du ciel s'ébranlent aux éclats de ton tonnerre. Arme tes mains non de ces foudres légères qui brisent les toits et les demeures innocentes des mortels, mais de celle qui mit en poudre trois montagnes entassées l'une sur l'autre, et les Géants non moins énormes qu'elles. Voilà les traits, voilà les feux que tu dois lancer. Rends-nous le jour qui nous a fui, darde tes carreaux, et supplée à la lumière du ciel par celle des éclairs. N'hésite pas, frappe-nous tous les deux comme coupables, sinon frappe-moi seul ; et que les trois carreaux de la foudre enflammée traversent ma poitrine : pour rendre les derniers devoirs à mes fils, et brûler leurs corps, il faut me brûler moi-même. Si rien ne peut émouvoir les dieux, s'ils n'ont point de colère contre les impies, que cette nuit du moins soit éternelle, et que ses longues ténèbres s'égalent à l'immensité de ce crime. Je ne désire point le retour de ta lumière, ô Soleil !

ATRÉE.

Maintenant je suis content de mon œuvre, maintenant je jouis de ma victoire. Sans l'excès de ta douleur, mon crime serait perdu. De ce moment, je me sens le père de mes enfants, et la fidélité de mon épouse est justifiée.

THYESTE.

Quel était le crime de mes enfants ?

ATRÉE.

D'être nés de toi.

THYESTE.

Des enfants à leur père [1837] !

ATRÉE.

Oui à leur père, et, ce qui me ravit, à leur véritable père [1838] .

THYESTE.

J'en appelle aux dieux protecteurs de l'innocence !

ATRÉE.

Et ceux de l'hymen [1839] ?

THYESTE.

Doit-on se venger d'un crime par un crime ?

ATRÉE.

Je sais ce qui t'afflige, tu souffres d'avoir été
prévenu. Tu ne regrettes pas d'avoir goûté ces mets
horribles, mais de ne les avoir pas préparés. Tu
songeais en toi-même à servir un pareil repas à ton
frère abusé ; à te liguer contre mes fils avec leur
mère pour leur faire subir une mort semblable ; ce
qui t'en a seul empêché, c'est que tu as cru qu'ils
étaient à toi.

THYESTE.

Les dieux te puniront : mes vœux te livrent à leur vengeance.

ATRÉE.

Et moi, je te livre à celle de tes enfants.

**FIN DE
THYESTE**

www.ingramcontent.com/pod-product-compliance
Lightning Source LLC
Chambersburg PA
CBHW070817170726
48000CB00018B/950